Impressum
Verlag: BABADADA GmbH, Nedderfeld 112 , 22529 Hamburg
Geschäftsführer / Verlagsleitung: Harald Hof
Druck: Books on Demand GmbH, In de Tarpen 42, 22848 Norderstedt

Imprint
Publisher: BABADADA GmbH, Nedderfeld 112 , 22529 Hamburg, Germany
Managing Director / Publishing direction: Harald Hof
Print: Books on Demand GmbH, In de Tarpen 42, 22848 Norderstedt, Germany

escola

школа

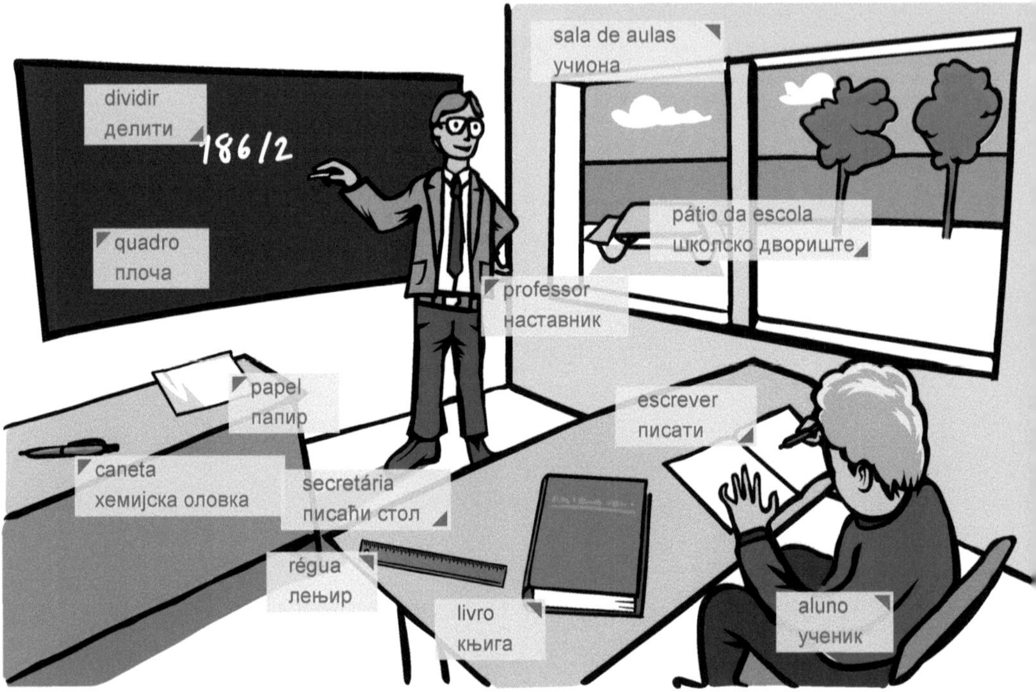
sala de aulas
учиона
dividir
делити
186/2
quadro
плоча
pátio da escola
школско двориште
professor
наставник
papel
папир
escrever
писати
caneta
хемијска оловка
secretária
писаћи сто
régua
лењир
livro
књига
aluno
ученик

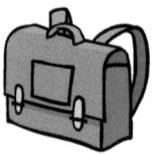

mochila

торба

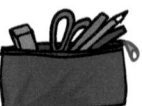

estojo de lápis

перница

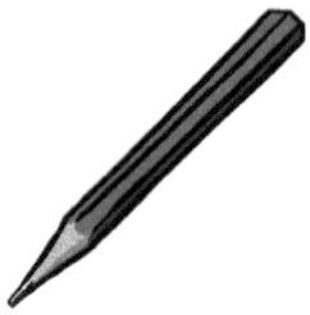

lápis

графитна оловка

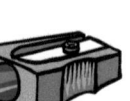

afia-lápis

шиљило за оловке

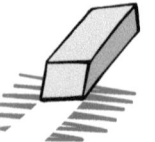

borracha

гумица за брисање

bloco de desenho

блок за цртање

desenho

цртеж

pincel

кист

caixa de tintas

кутија са бојама

tesoura

маказе

cola

лепило

livro de exercícios

бележница

trabalhos de casa

домаћи задатак

12

número

број

2+2

somar

сабирати

5-2

subtrair

одузимати

2×2

multiplicar

множити

42

calcular

рачунати

A

letra

слово

ABCDEFG
HIJKLMN
OPQRSTU
VWXYZ

alfabeto

абецеда

hello

palavra

реч

texto

текст

ler

читати

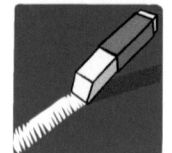

giz

креда

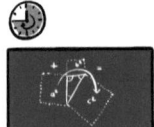

hora

час

registo de presenças

дневник

exame

испит

certificado

сведочанство

uniforme escolar

школска униформа

educação

образовање

enciclopédia

лексикон

universidade

универзитет

microscópio

микроскоп

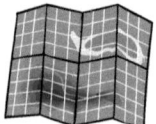

mapa

карта

cesto de lixo

кошара за папир

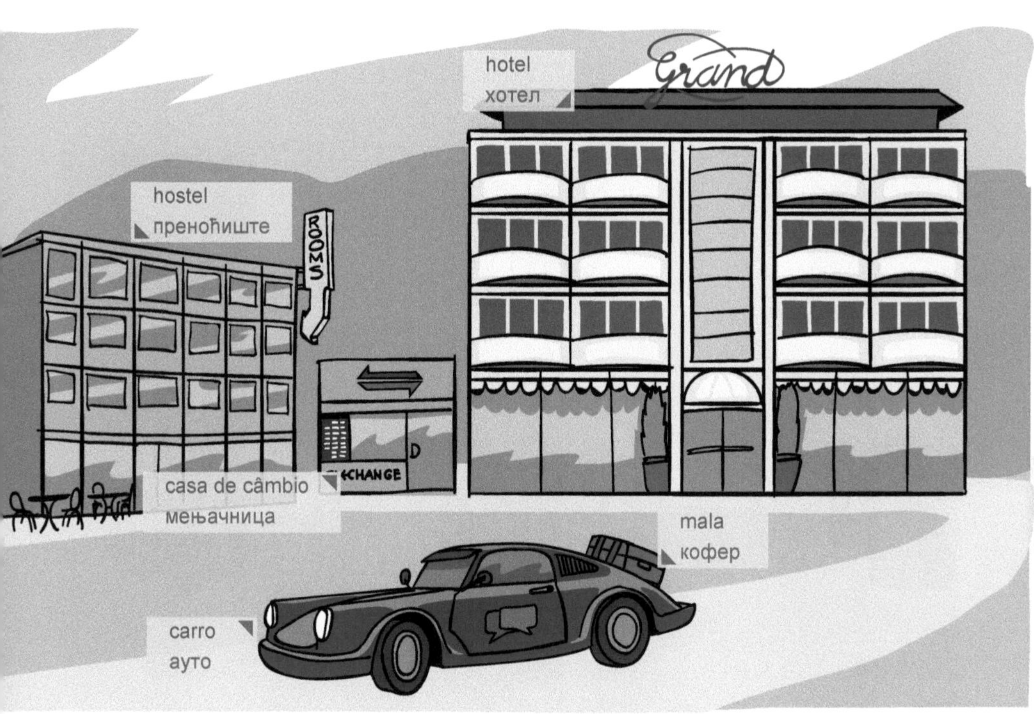

hotel
хотел
Grand
hostel
преноћиште
ROOMS
casa de câmbio
мењачница
mala
кофер
carro
ауто

idioma
....
језик

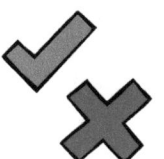

sim / não
....
да / не

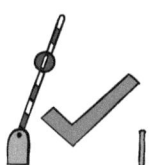

ok / certo / correto
....
океј

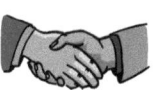

olá
....
здраво

intérprete
....
преводилац

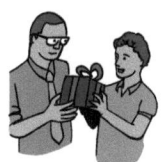

obrigado
....
хвала

quanto é que custa... ?

Колико кошта...?

não entendo

не разумем

problema

проблем

boa noite!

добро вече!

Bom dia!

Добро јутро!

Boa noite!

Лаку ноћ!

adeus

довиђења

direção

смер

bagagem

пртљага

saco

торба

mochila

руксак

convidado

гост

quarto

соба

saco-cama

врећа за спавање

tenda

шатор

informação turística

туристичке информације

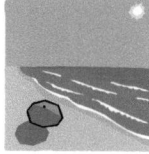

praia

плажа

cartão de crédito

кредитна картица

pequeno-almoço

доручак

almoço

ручак

jantar

вечера

bilhete

карта за вожњу

elevador

лифт

selo postal

поштанска маркица

fronteira

граница

alfândega

царина

embaixada

амбасада

visto

виза

passaporte

пасош

transporte
транспорт

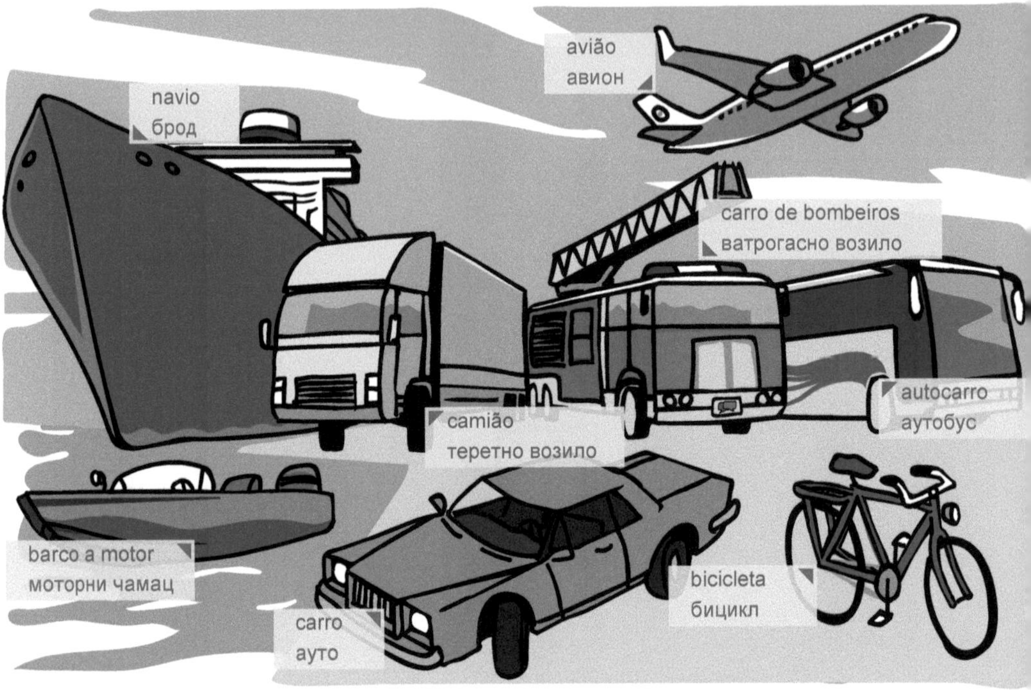
avião
авион
navio
брод
carro de bombeiros
ватрогасно возило
autocarro
аутобус
camião
теретно возило
barco a motor
моторни чамац
bicicleta
бицикл
carro
ауто

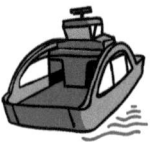

cacilheiro

трајект

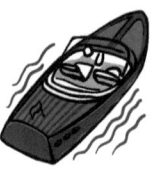

barco

чамац

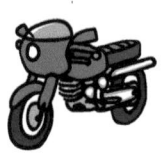

mota

мотоцикл

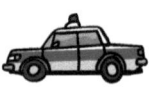

carro de polícia

полицијски ауто

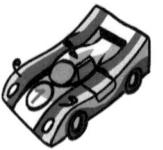

carro de corrida

тркаћи ауто

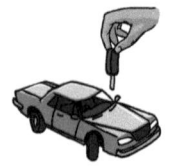

carro alugado

изнајмљено ауто

carsharing

дељење аутомобила

camião de reboque

вучно возило

camião do lixo

возило за одвоз смећа

motor

мотор

combustível

бензин

estação de serviço

бензинска станица

sinal de trânsito

саобраћајни знак

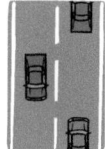

trânsito

саобраћај

congestionamento de
trânsito

застој

parque de estacionamento

паркиралиште

estação ferroviária

железничка станица

carris

шине

comboio

воз

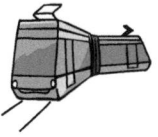

elétrico

трамвај

carruagem

вагон

helicóptero

хеликоптер

aeroporto

аеродром

torre

кула

passageiro

путник

contentor

контејнер

caixa de papelão

картон

carrinho

колица

cesto

корпа

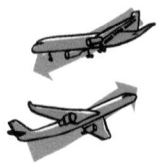

levantar voo / aterrar

узлетети / слетети

cidade

град

aldeia

село

centro da cidade

центар града

casa

кућа

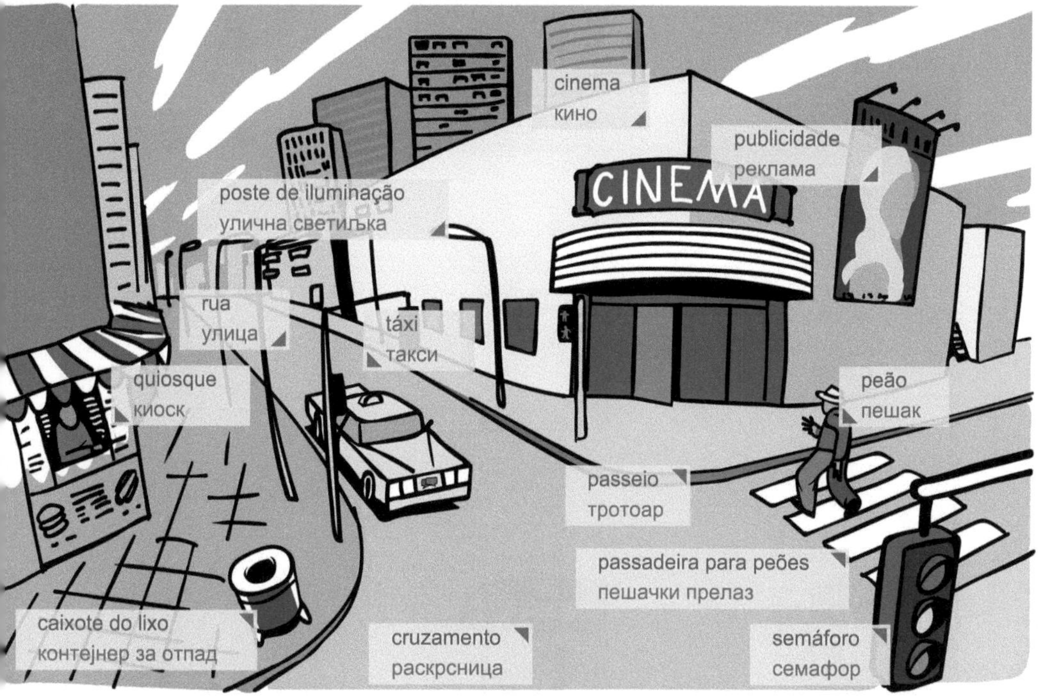

cinema
кино

publicidade
реклама

poste de iluminação
улична светиљка

CINEMA

rua
улица

táxi
такси

peão
пешак

quiosque
киоск

passeio
тротоар

passadeira para peões
пешачки прелаз

caixote do lixo
контејнер за отпад

cruzamento
раскрсница

semáforo
семафор

cabana
колиба

apartamento
стан

estação ferroviária
железничка станица

câmara municipal
већница

museu
музеј

escola
школа

cidade - град

11

universidade

универзитет

banco

банка

hospital

болница

hotel

хотел

farmácia

апотека

escritório

канцеларија

livraria

књижара

loja

продавница

florista

цвећара

supermercado

супермаркет

mercado

трг

loja de departamentos

робна кућа

peixaria

рибарница

centro comercial

трговачки центар

porto

лука

parque

парк

banco

клупа

ponte

мост

escadas

степенице

metro

подземна железница

túnel

тунел

paragem de autocarro

аутобуска станица

bar

бар

restaurante

ресторан

caixa de correio

поштанско сандуче

sinal de trânsito

улични знак

parquímetro

паркирни аутомат

jardim zoológico

зоолошки врт

piscina

базен

mesquita

џамија

quinta
сеоско газдинство

poluição
загађење околине

cemitério
гробље

igreja
црква

parque infantil
игралиште

templo
храм

paisagem
пејсаж

folha
лист

placa de sinalização
путоказ

caminho
пут

prado
ливада

pedra
камен

árvore
дрво

caminhantes
шетач

rio
река

relva
трава

flor
цвет

vale

долина

montanha

планина

lago

језеро

floresta

шума

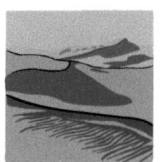

deserto

пустиња

vulcão

вулкан

castelo

дворац

arco-íris

дуга

cogumelo

гљива

palma

палма

mosquito

москито

mosca

мува

formiga

мрав

abelha

пчела

aranha

паук

besouro

буба

sapo

жаба

esquilo

веверица

ouriço

јеж

lebre

зец

coruja

сова

pássaro

птица

cisne

лабуд

javali

дивља свиња

veado

јелен

alce

лос

barragem

насип

turbina eólica

ветрењача

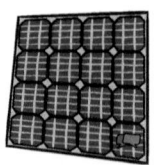

painel solar

соларна плоча

clima

клима

restaurante

ресторан

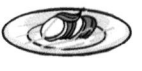

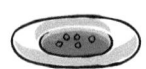

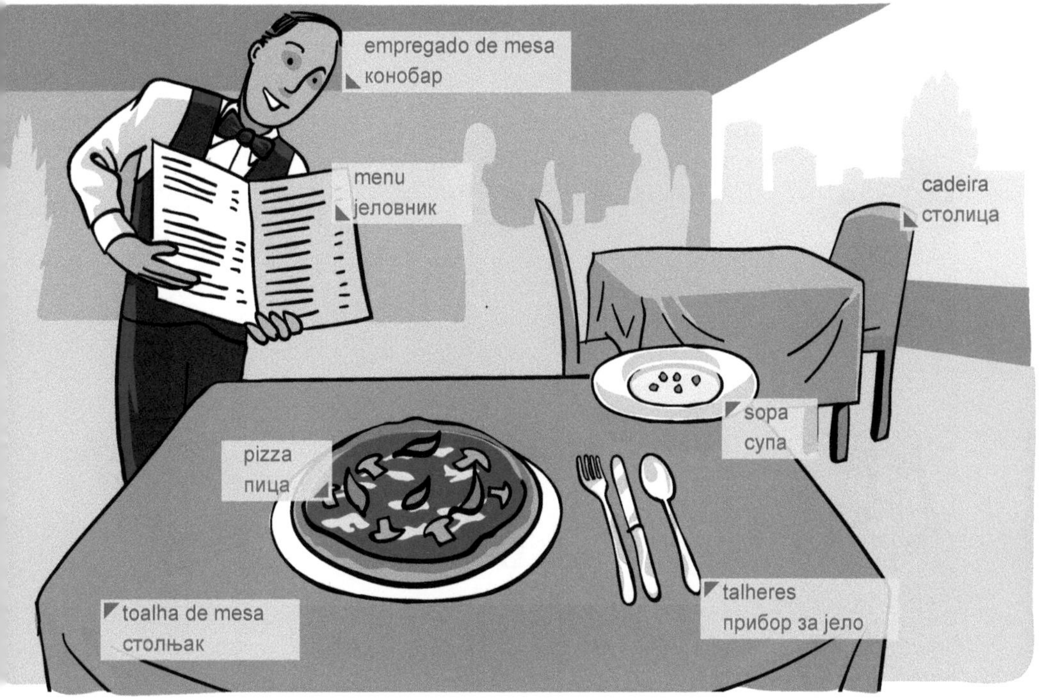
empregado de mesa
конобар
menu
јеловник
cadeira
столица
sopa
супа
pizza
пица
talheres
прибор за јело
toalha de mesa
стољњак

entrada
предјело

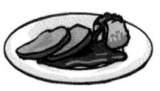

prato principal
главно јело

sobremesa
десерт

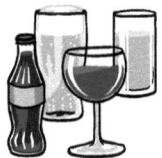

bebidas
напитци

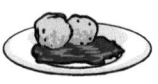

comida
јело

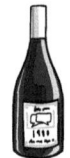

garrafa
флаша

fast food

брза храна

comida de rua

имбис храна

bule de chá

чајник

açucareiro

доза за шећер

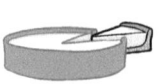

porção

порција

máquina de café expresso

апарат за еспресо

cadeira alta

висока столица

conta

рачун

bandeja

послужавник

faca

нож

garfo

виљушка

colher

кашика

colher de chá

чајна кашика

guardanapo

салвета

copo

чаша

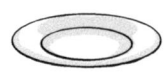

prato

тањир

prato de sopa

тањир за супу

pires

тањирић

molho

сос

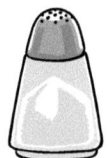

saleiro

сољенка

moinho de pimenta

млин за бибер

vinagre

сирће

óleo

уље

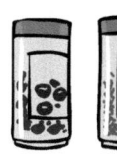

especiarias

зачини

ketchup

кечап

mostarda

сенф

maionese

мајонеза

supermercado
супермаркет

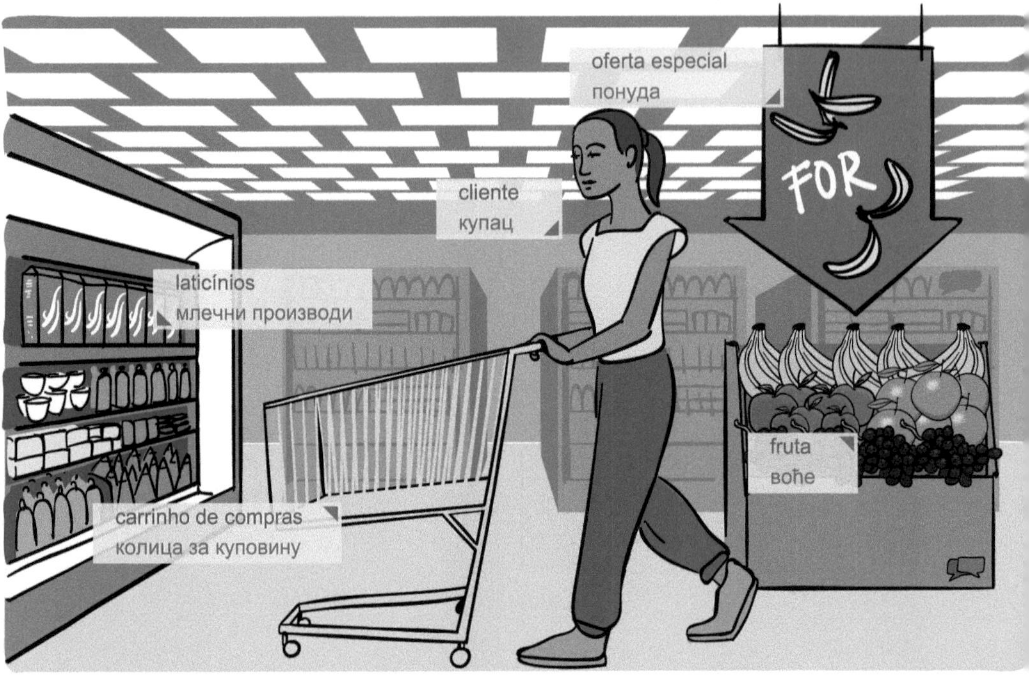
oferta especial
понуда
FOR
cliente
купац
laticínios
млечни производи
fruta
воће
carrinho de compras
колица за куповину

BUTCHERS

talho

месница

BAKERY

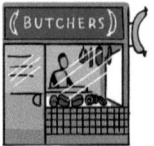

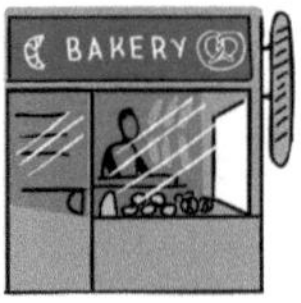

padaria

пекара

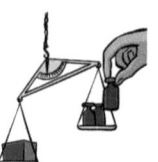

pesar

вагати

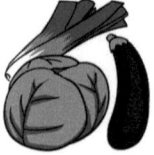

vegetais

поврће

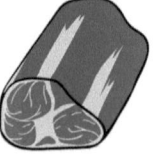

carne

месо

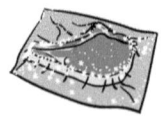

alimentos congelados

смрзнута храна

charcutaria

нарезак

comida enlatada

конзерве

detergente em pó

средство за прање

doces

слаткиши

artigos domésticos

артикли за домаћинство

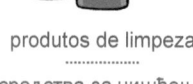

produtos de limpeza

средства за чишћење

vendedora

продавачица

caixa

благајна

caixa

благајник

lista de compras

листа за куповину

horário de funcionamento

време рада

carteira

новчаник

cartão de crédito

кредитна картица

saco

торба

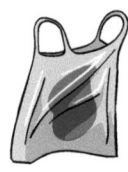

saco de plástico

пластична кеса

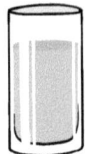

água

вода

sumo

сок

leite

млеко

coca-cola

кола

vinho

вино

cerveja

пиво

álcool

алкохол

cacau

какао

chá

чај

café

кава

café expresso

еспресо

capuccino

капућино

banana

банана

maçã

јабука

laranja

наранџа

melão

лубеница

limão

лимун

cenoura

шаргарепа

alho

бели лук

bambu

бамбус

cebola

лук

cogumelo

гљива

nozes

орашасти плодови

talharim

резанци

esparguete

шпагете

arroz

рижа

salada

салата

batatas fritas

помфрит

batatas fritas

печени крумпир

pizza

пица

hambúrguer

хамбургер

sanduíche

сендвич

bife panado

шницла

fiambre

шунка

salame

салама

salsicha

кобасица

galinha

кокош

assado

печење

peixe

риба

flocos de aveia

зобене пахуљице

muesli

мусли

flocos de milho

кукурузне пахуљице

farinha

брашно

croissant

кроасан

carcaça (pãozinho)

пециво

pão

хлеб

torrada

тоаст

biscoitos

кекси

manteiga

маслац

requeijão

свежи сир

bolo

колач

ovo

jaje

ovo estrelado

jaje на око

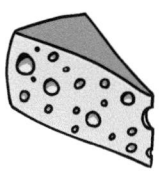

queijo

сир

gelado

сладолед

açúcar

шећер

mel

мед

compota

мармелада

creme de nougat

нугат крема

caril

кари

quinta

сеоско газдинство

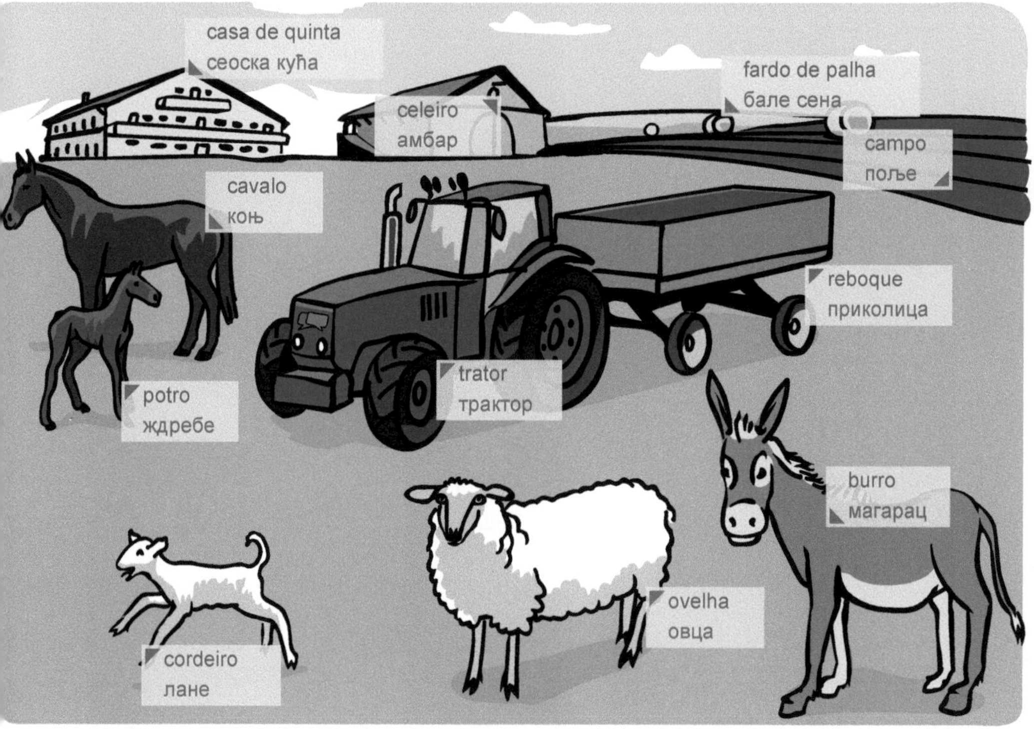
casa de quinta
сеоска кућа
celeiro
амбар
fardo de palha
бале сена
campo
поље
cavalo
коњ
reboque
приколица
trator
трактор
potro
ждребе
burro
магарац
ovelha
овца
cordeiro
лане

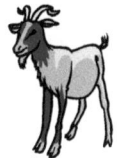

cabra

коза

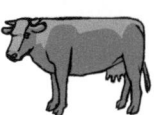

vaca

крава

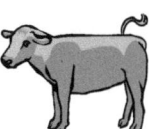

bezerro

теле

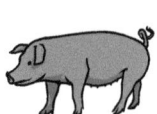

porco

свиња

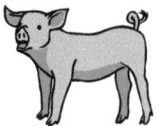

leitão

прасе

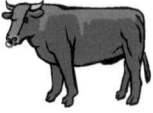

touro

бик

ganso

гуска

pato

патка

pintaínho

пилићи

galinha

кокош

galo

петао

ratazana

пацов

gato

мачка

rato

миш

boi

во

cão

пас

casota

кућица за пса

mangueira de jardim

вртно црево

regador

канта за поливање

foice

коса

arado

плуг

foice

срп

enxada

мотика

forquilha

виљушка за ђубриво

machado

секира

carrinho de mão

тачке

manjedoura

корито

jarro de leite

посуда за млеко

saco

врећа

cerca

ограда

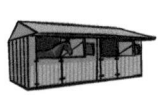

estábulo

штала

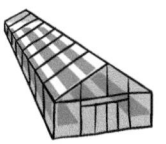

estufa

стакленик

solo

земља

semente

семе

fertilizante

ђубриво

ceifeira-debulhadora

комбајн

colher

жети

colheita

жетва

inhame

јамс зачин

trigo

пшеница

soja

соја

batata

крумпир

milho

кукуруз

colza

уљана репица

árvore de fruto

воћка

mandioca

гомољ маниоке

cereais

житарице

casa

кућа

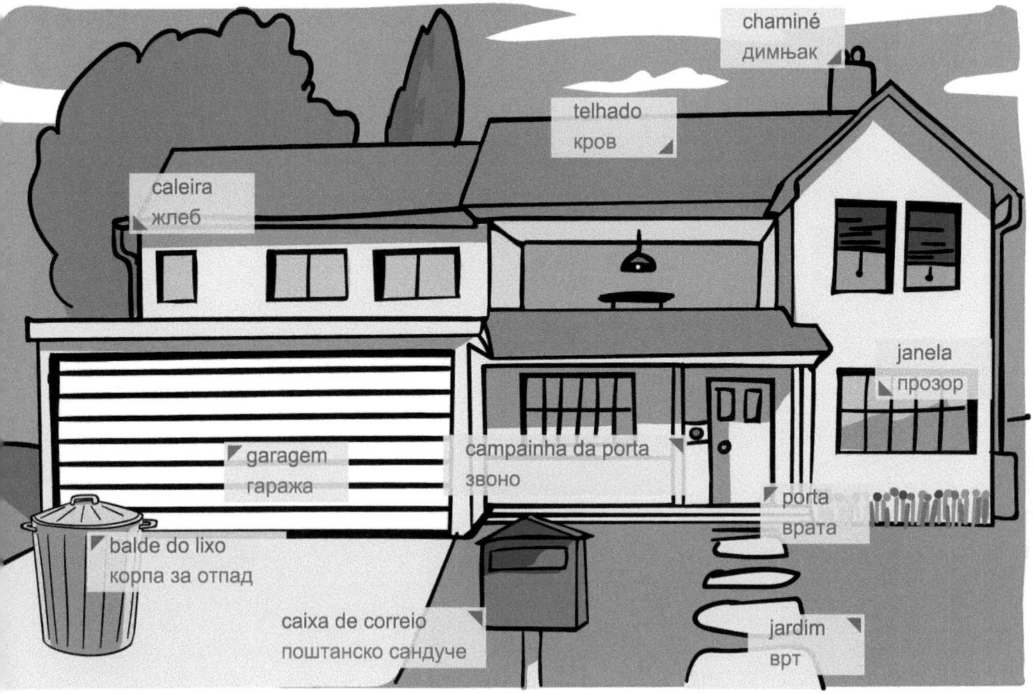
chaminé
димњак
telhado
кров
caleira
жлеб
janela
прозор
garagem
гаража
campainha da porta
звоно
porta
врата
balde do lixo
корпа за отпад
caixa de correio
поштанско сандуче
jardim
врт

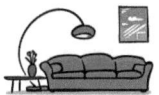

sala de estar

дневна соба

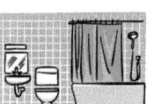

casa de banho

купаоница

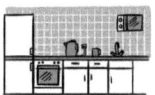

cozinha

кухиња

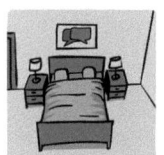

quarto de dormir

спаваћа соба

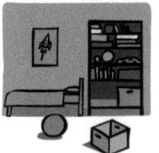

quarto de criança

дечија соба

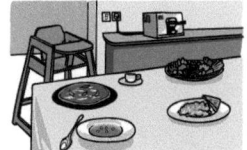

sala de jantar

трпезарија

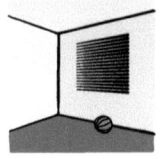

chão
под

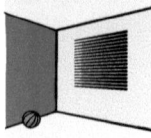

parede
зид

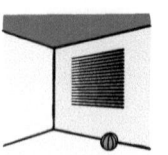

teto
строп

cave
подрум

sauna
сауна

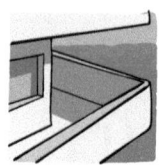

varanda
балкон

terraço
тераса

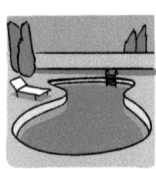

piscina
базен

máquina de cortar relvado
косилица за траву

lençol
постељина за кревет

cobertor
дека за кревет

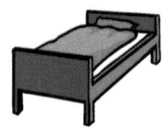

cama
кревет

vassoura
метла

balde
канта

interruptor
прекидач

sala de estar
дневна соба

papel de parede
тапета
imagem
слика
lâmpada
светиљка
prateleira
регал
armário
ормар
televisão
телевизија
lareira
камин
flor
цвет
almofada
јастук
sofá
кауч
vaso
ваза
controlo remoto
даљински управљач

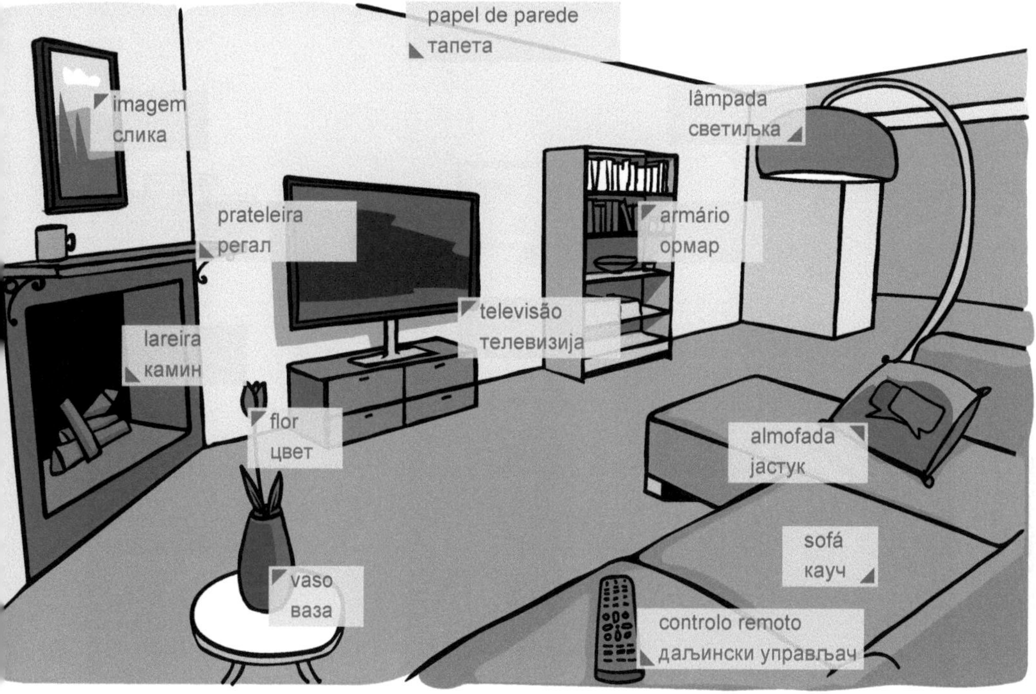

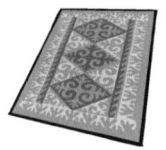

tapete
тепих

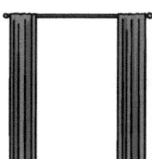

cortina
завеса

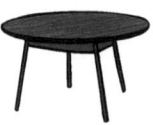

mesa
сто

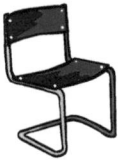

cadeira
столица

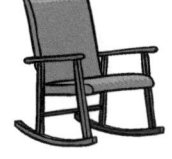

cadeira de baloiço
столица за њихање

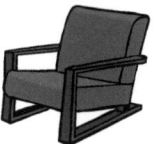

poltrona
фотеља

livro

књига

cobertor

дека

decoração

декорација

lenha

дрво за огрев

filme

филм

sistema estéreo

хи-фи уређај

chave

кључ

jornal

новине

pintura

слика на платну

póster

постер

rádio

радио

bloco de notas

блок за писање

aspirador

усисивач

cato

кактус

vela

свећа

cozinha
кухиња

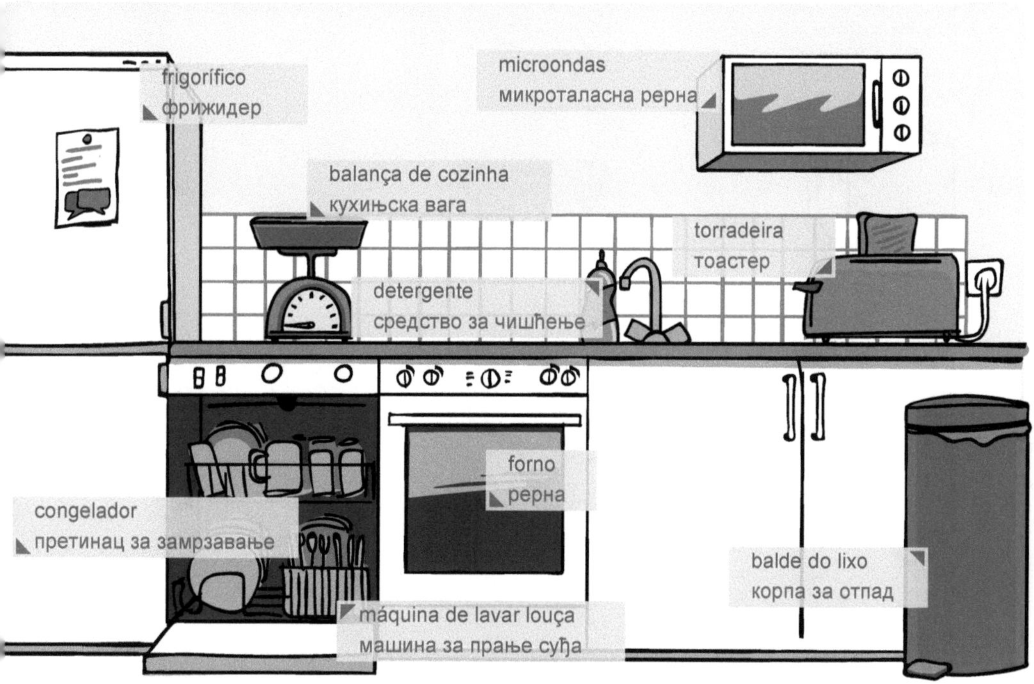
frigorífico
фрижидер
microondas
микроталасна рерна
balança de cozinha
кухињска вага
torradeira
тоастер
detergente
средство за чишћење
forno
рерна
congelador
претинац за замрзавање
balde do lixo
корпа за отпад
máquina de lavar louça
машина за прање суђа

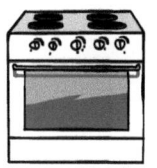

fogão

шпорет

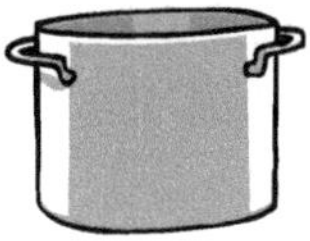

panela

лонац

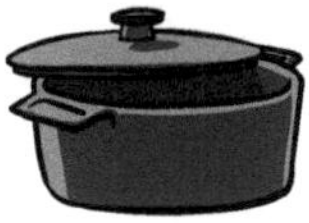

panela de ferro

гвоздени лонац

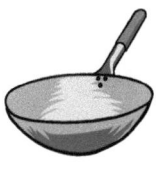

wok / kadai

вок / кадаи

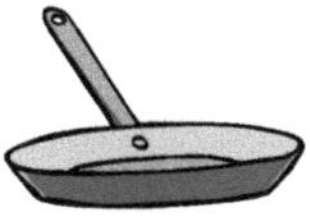

frigideira

тава

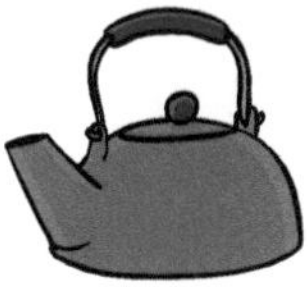

chaleira

кувало за воду

panela a vapor

кувало на пару

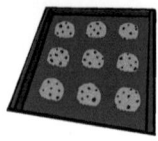

tabuleiro de forno

лим за печење

louça

посуђе

caneca

чаша

tigela

посуда

pauzinhos

штапићи за јело

concha de sopa

кутлача

espátula

лопатица

batedor de claras

пењача

escorredor

сито за кување

peneira

сито

ralador

рибеж

almofariz

мужар

churrasqueira

роштиљ

lareira

огњиште

tábua de cortar

даска

rolo da massa

оклагија

saca-rolhas

вадичеп

lata

конзерва

abridor de latas

отварач конзерви

luvas de forno

крпа за лонац

lava-loiça

судопер

escova

четка

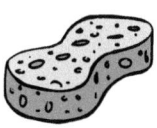

esponja

сунђер

liquidificador

миксер

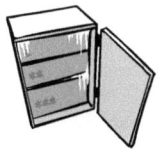

arca frigorífica

замрзивач

biberão

флашица за бебе

torneira

славина за воду

casa de banho

купаоница

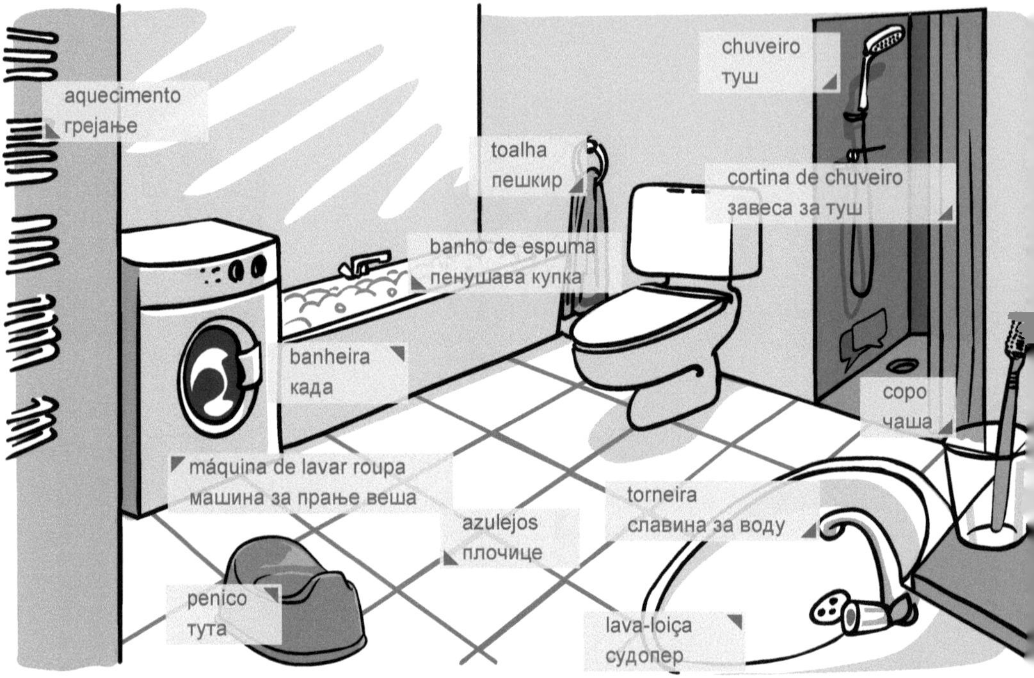

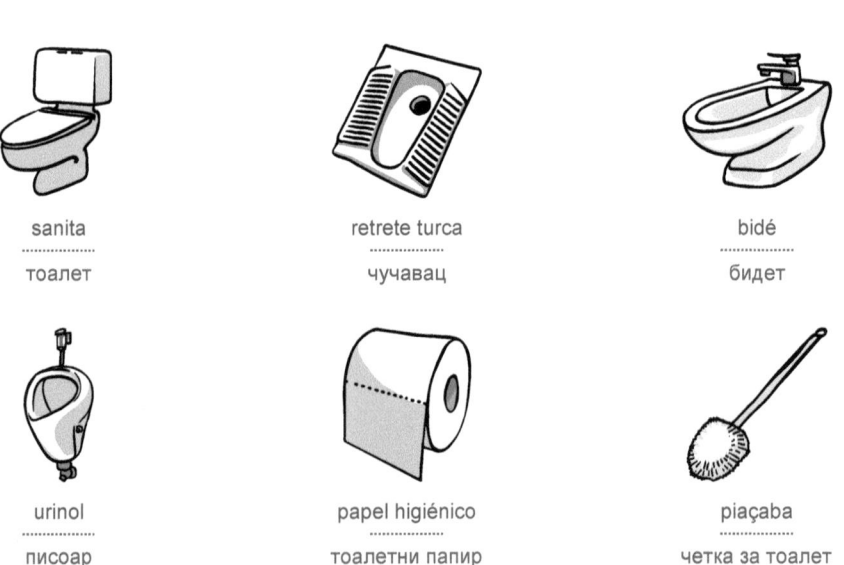

aquecimento
грејање
chuveiro
туш
toalha
пешкир
cortina de chuveiro
завеса за туш
banho de espuma
пенушава купка
banheira
када
copo
чаша
máquina de lavar roupa
машина за прање веша
torneira
славина за воду
azulejos
плочице
penico
тута
lava-loiça
судопер

sanita

тоалет

retrete turca

чучавац

bidé

бидет

urinol

писоар

papel higiénico

тоалетни папир

piaçaba

четка за тоалет

escova de dentes

четкица за зубе

pasta de dentes

паста за зубе

fio dentário

конац за зубе

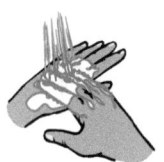

lavar

прати

chuveiro de mão

туш ручица

duche íntimo

туш за прање интимних делова

bacia

лавор

escova para as costas

четка за прање леђа

sabonete

сапун

gel de banho

гел за туширање

champô

шампон

toalha de rosto

крпа за прање

escoamento

одвод

creme

крема

desodorizante

дезодоранс

espelho

огледало

espelho de mão

козметичко огледало

máquina de barbear

бријач

creme de barbear

пена за бријање

loção pós-barba

лосион за после бријања

pente

чешаљ

escova

четка

secador de cabelo

фен за косу

spray de cabelo

спреј за косу

maquilhagem

шминка

batom

руж за усне

verniz de unhas

лак за нокте

algodão

вата

tesoura para unhas

маказе за нокте

perfume

парфем

nécessaire

козметичка торбица

tamborete

столица

balança

вага

roupão de banho

огртач

luvas de borracha

рукавице за чишћење

tampão

тампон

penso higiénico

уложак

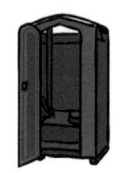

WC químico

хемијски тоалет

quarto de criança

дечија соба

despertador
будилник
peluche
плишана играчка
carro de brincar
ауто играчка
chocalho
звечка
casa de bonecas
кућица за лутке
presente
поклон

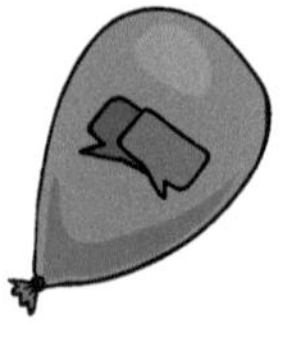

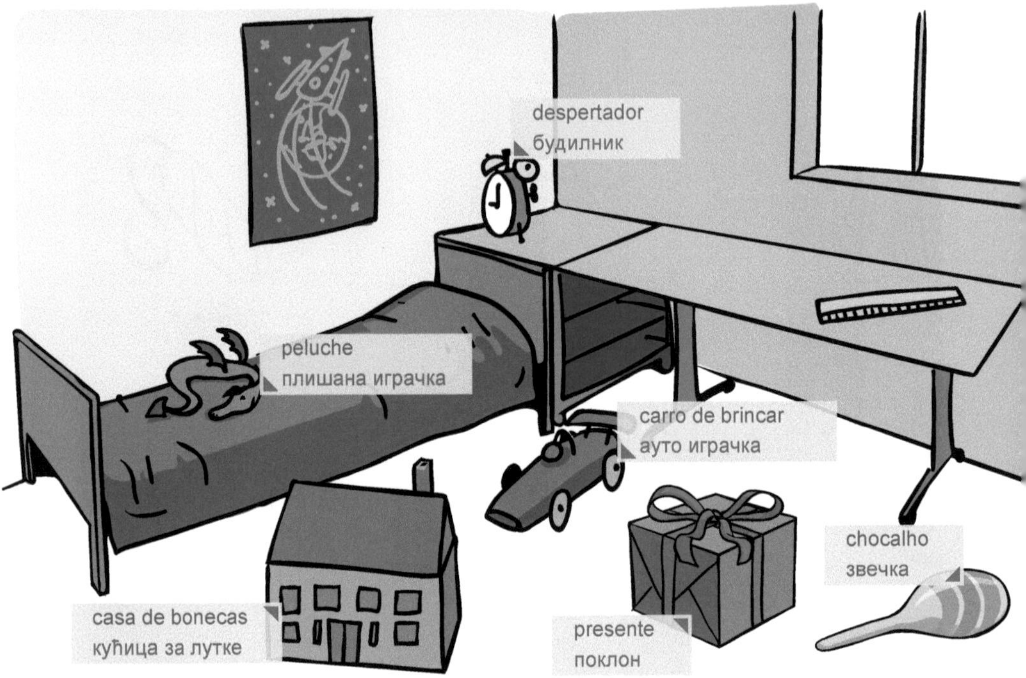

balão

балон

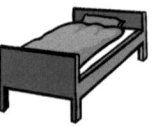

cama

кревет

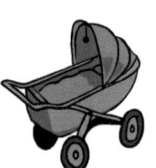

carrinho de bebé

дјечија колица

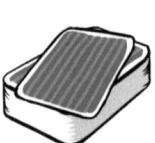

jogo de cartas

игра са картама

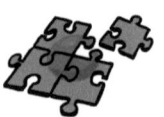

quebra-cabeças

слагалица

SUPER MEGA

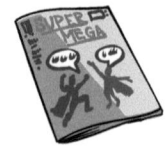

banda desenhada

стрип

peças de Lego

лего коцкице

blocos de construção

коцкице за слагање

figura de ação

акциони јунак

fato de bebé

бенкица за бебе

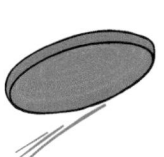

Frisbee

фризби

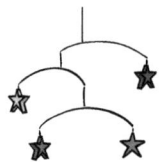

móbile para bebé

висеће играчке

jogo de tabuleiro

друштвене игре

dados

коцка

pista de comboio elétrico

минијатурна жељезница

chupeta

дуда

festa

забава

livro ilustrado

сликовница

bola

лопта

boneca

лутка

jogar

играти

caixa de areia

пешчаник

baloiço

љуљачка

brinquedos

играчка

consola de jogos

конзола за игре

triciclo

трицикл

ursinho de peluche

теди

guarda-roupa

ормар

vestuário

одећа

meias

кратке чарапе

meias pelo joelho

чарапе

meias-calças

хулахопке

cachecol
шал

guarda-chuva
кишобран

t-shirt
мајица

cinto
каиш

botas
чизме

chinelos
папуче

sapatilhas
патике

sandálias
сандале

sapatos
ципеле

botas de borracha
гумене чизме

cuecas
гаћице

sutiã
грудњак

camisola interior
поткошуља

vestuário - одећа

body

боди

calças

панталоне

calças de ganga

фармерке

saia

сукња

blusa

блуза

camisa

кошуља

pulôver

џемпер

camisola com capuz

џемпер с капуљачом

blazer

сако

casaco

јакна

manto

мантил

gabardina

кабаница

traje

костим

vestido

хаљина

vestido de casamento

венчаница

fato

одело

camisa de dormir

спаваћица

pijama

пиџама

sari

сари

lenço de cabeça

марама за главу

turbante

турбан

burca

бурка

cafetã

кафтан

abaya

абаја

fato de banho

купаћи костим

calções de banho

купаће гаћице

calções

кратке панталоне

fato de treino

одећа за тренинг

avental

кецеља

luvas

рукавице

botão

дугме

óculos

наочаре

pulseira

наруквица

colar

огрлица

anel

прстен

brinco

наушница

boné

капа

cabide

вешалица

chapéu

шешир

gravata

кравата

fecho de correr

патент затварач

capacete

кацига

suspensórios

нараменице

uniforme escolar

школска униформа

uniforme

униформа

vestuário - одећа

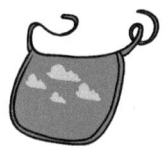

babete

подбрадак

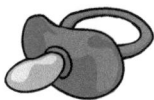

chupeta

дуда

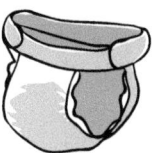

fralda

пелена

escritório
канцеларија

servidor
сервер
armário de arquivo
ормар за списе
impressora
штампач
papel
папир
ecrã
монитор
secretária
писаћи сто
rato
миш
pasta
мапа
teclado
тастатура
cadeira
столица
cesto de lixo
кошара за папир
computador
компјутер

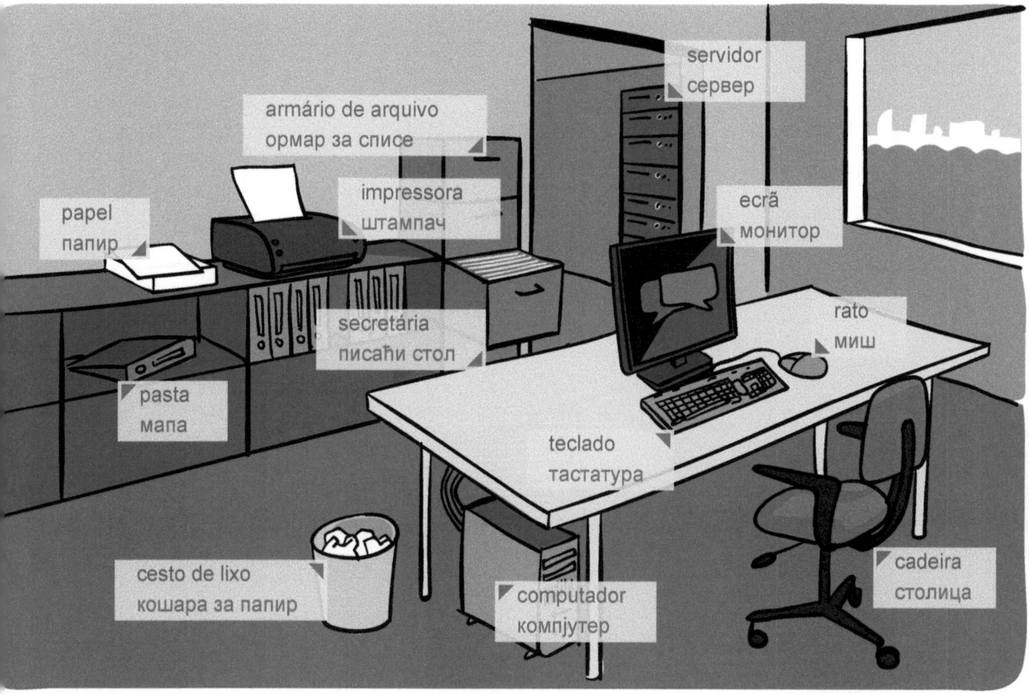

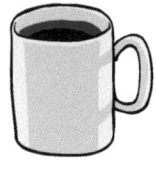

caneca de café

шалица за каву

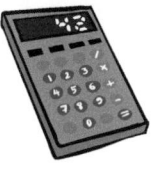

calculadora

калкулатор

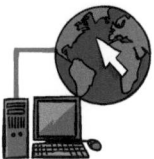

internet

интернет

computador portátil

лаптоп

carta

писмо

mensagem

порука

telemóvel

мобилни телефон

rede

мрежа

fotocopiadora

уређај за копирање

software

софтвер

telefone

телефон

tomada elétrica

утичница

fax

факс

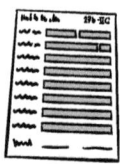

formulário

формулар

documento

документ

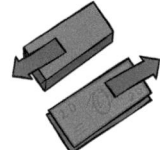

comprar

куповати

pagar

платити

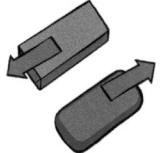

negociar

трговати

dinheiro

новац

dólar

долар

euro

евро

yen

јен

rublo

рубља

franco suíço

швајцарски франак

renminbi yuan

ренминдби јуан

rupia

рупија

caixa de multibanco

аутомат за новац

casa de câmbio

мењачница

ouro

злато

prata

сребро

petróleo

нафта

energia

енергија

preço

цена

contrato

уговор

imposto

порез

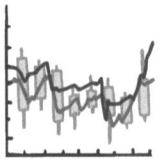

ação

деонице

trabalhar

радити

empregado

службеник

entidade patronal

послодавац

fábrica

фабрика

loja

продавница

agente da polícia
полицајац

bombeiro
ватрогасац

cozinheiro
кувар

médico
лекар

piloto
пилот

jardineiro

вртлар

carpinteiro

столар

costureira

кројачица

juiz

судија

químico

хемичар

ator

глумац

motorista de autocarro

возач аутобуса

motorista de táxi

возач таксија

pescador

рибар

empregada de limpeza

чистачица

telhador

кровопокривач

empregado de mesa

конобар

caçador

ловац

pintor

сликар

padeiro

пекар

eletricista

електричар

construtor

грађевински радник

engenheiro

инжењер

talhante

месар

canalizador

лимар

carteiro

поштар

soldado

војник

arquiteto

архитекта

caixa

благајник

florista

цвећар

cabeleireiro

фризер

controlador de bilhetes

кондуктер

mecânico

механичар

capitão

капетан

dentista

зубар

cientista

научник

rabino

раби

imã

имам

monge

монах

pastor

свећеник

ferramentas

алати

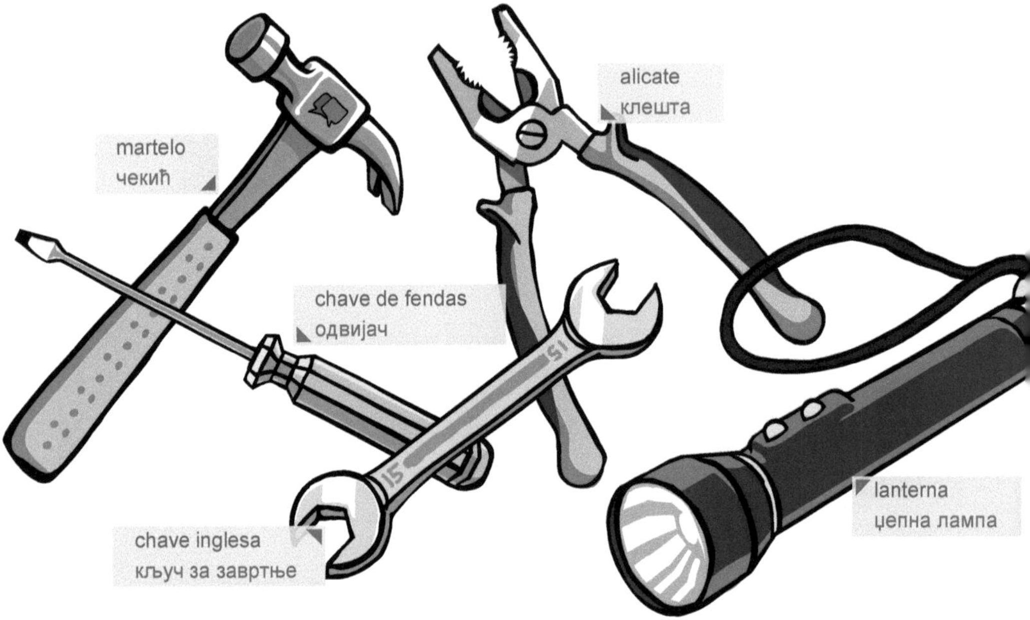
alicate
клешта
martelo
чекић
chave de fendas
одвијач
lanterna
џепна лампа
chave inglesa
кључ за завртње

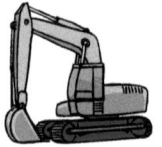

escavadora

багер

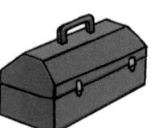

caixa de ferramentas

кутија за алат

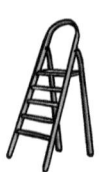

escadote

мердевине

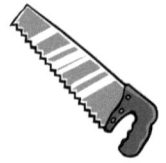

serra

пила

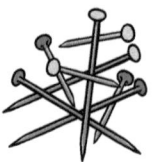

pregos

ексер

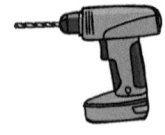

broca

бушилица

reparar

поправити

pá

лопата

porcaria!

до ђавола!

pá de lixo

лопатица

pote de tinta

лонац за боју

parafusos

завртањи

instrumentos musicais
музички инструмент

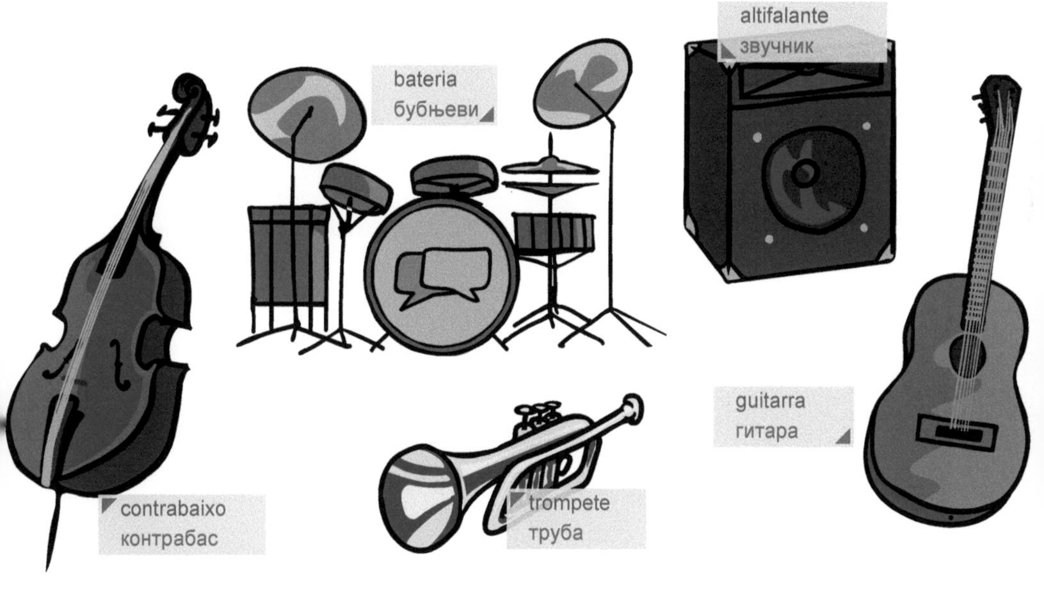

bateria
бубњеви

altifalante
звучник

contrabaixo
контрабас

trompete
труба

guitarra
гитара

piano

клавир

violino

виолина

baixo

бас

timbales

тимпани

tambor

удараљке за бубњеве

teclado

типке клавира

saxofone

саксофон

flauta

флаута

microfone

микрофон

instrumentos musicais - музички инструмент

jardim zoológico

зоолошки врт

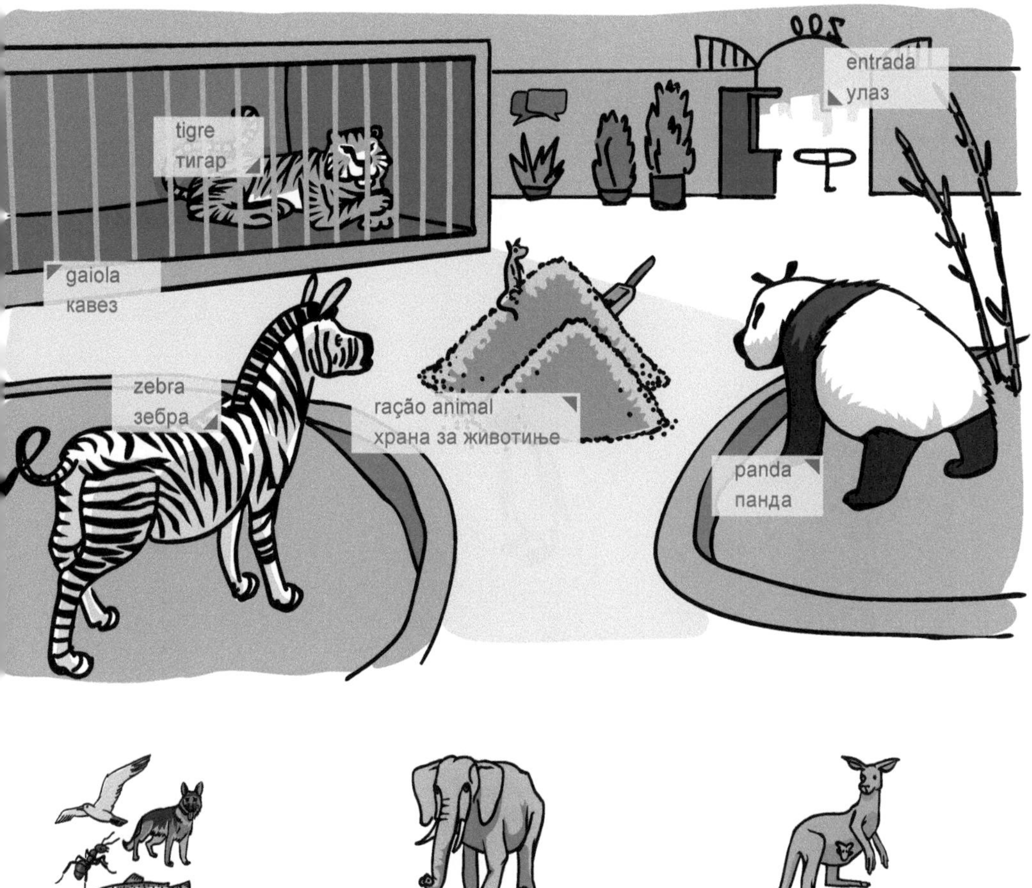

tigre
тигар
entrada
улаз
gaiola
кавез
zebra
зебра
ração animal
храна за животиње
panda
панда

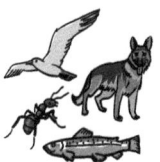

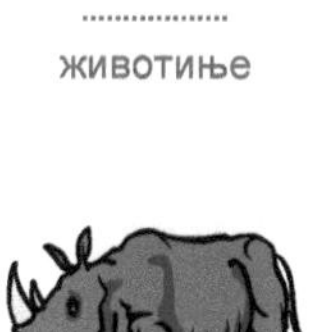

animais

животиње

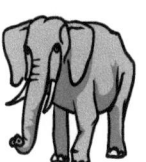

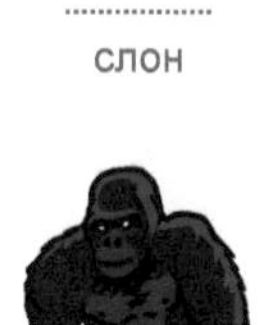

elefante

слон

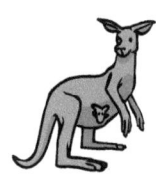

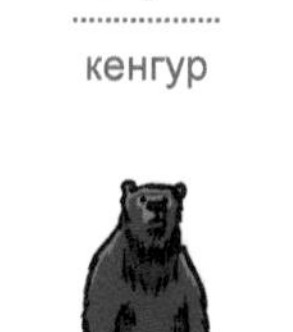

canguru

кенгур

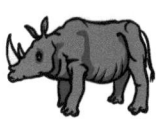

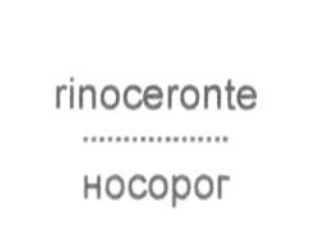

rinoceronte

носорог

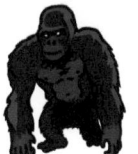

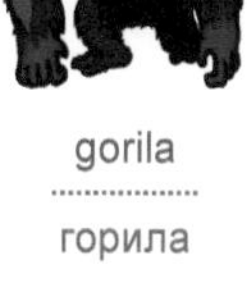

gorila

горила

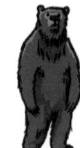

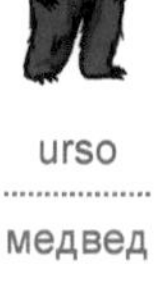

urso

медвед

camelo

камила

avestruz

нoj

leão

лав

macaco

мajмун

flamingo

фламинго

papagaio

папагај

urso polar

поларни медвед

pinguim

пингвин

tubarão

ajкула

pavão

паун

cobra

змиja

crocodilo

крокодил

guarda do jardim zoológico

чувар у зоолошком врту

foca

туљан

jaguar

jaгуар

pónei

пони

leopardo

леопард

hipopótamo

нилски коњ

girafa

жирафа

águia

орао

javali

дивља свиња

peixe

риба

tartaruga

корњача

morsa

морж

raposa

лисица

gazela

газела

futebol americano
амерички ногомет

ciclismo
бициклизам

ténis
тенис

basquetebol
кошарка

natação
пливање

boxe
бокс

hóquei no gelo
хокеј на леду

futebol
фудбал

badminton
бадминтон

atletismo
атлетика

andebol
рукомет

esqui
скијање

polo
поло

atividades
активности

saltar
скочити
rir
смејати се
abraçar
загрлити
andar
ићи
cantar
певати
sonhar
сањати
rezar
молити се
beijar
пољубити

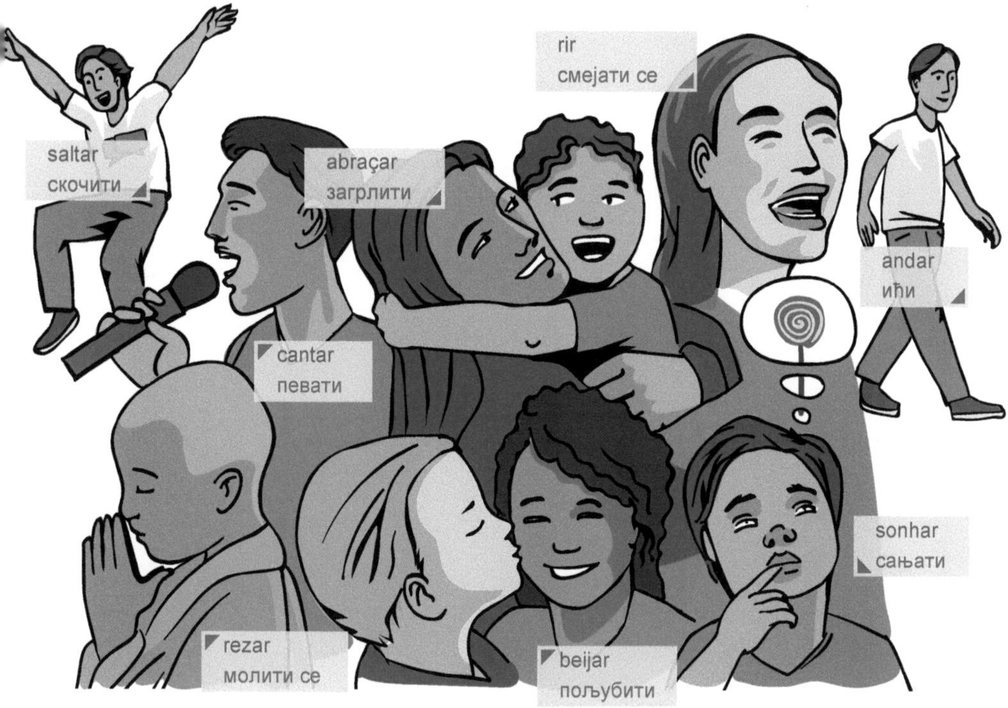

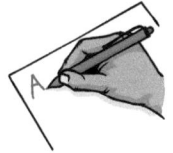

escrever
писати

desenhar
цртати

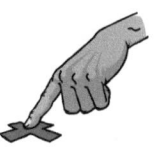

mostrar
показати

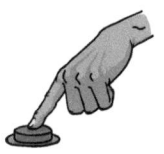

empurrar
гурати

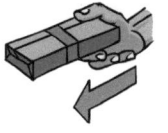

dar
дати

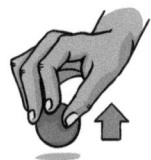

tomar
узети

ter
имати

fazer
чинити

ser
бити

ficar de pé
стојати

correr
трчати

puxar
повлачити

remessar
бацити

cair
падати

deitar
лежати

esperar
чекати

carregar
носити

sentar
седити

vestir
облачити

dormir
спавати

acordar
пробудити се

atividades - активности

olhar para

гледати

chorar

плакати

acariciar

миловати

pentear

чешљати

falar

говорити

compreender

разумети

perguntar

питати

ouvir

слушати

beber

пити

comer

јести

arrumar

поспремити

amar

волети

cozinhar

кухати

conduzir

возити

voar

летети

velejar

пловити

calcular

рачунати

ler

читати

aprender

учити

trabalhar

радити

casar

венчати се

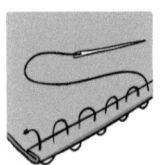

costurar

шити

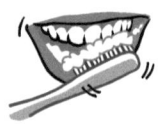

escovar os dentes

прати зубе

matar

убити

fumar

пушити

enviar

послати

avó
бака

avô
деда

pai
отац

mãe
мајка

bebé
беба

filha
кћерка

filho
син

convidado

гост

tia

тетка

tio

ујак, стриц

irmão

брат

irmã

сестра

corpo
тело

testa
чело
olho
око
ombro
раме
dedo
прст
cara
лице
queixo
брада
mão
рука
perna
нога
peito
груди
braço
рука

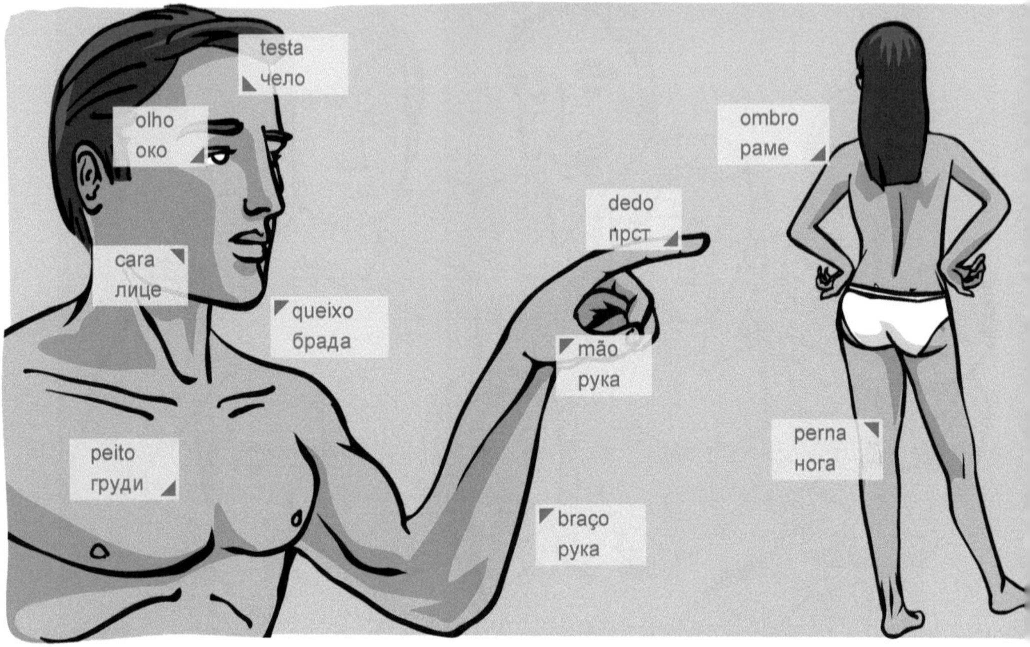

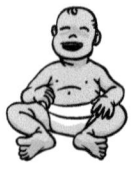

bebé
беба

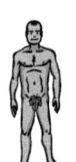

homem
мушкарац

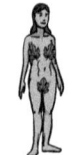

mulher
жена

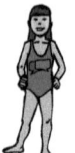

menina
девојчица

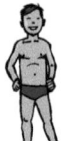

menino
дечак

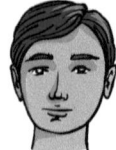

cabeça
глава

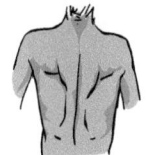

costas

леђа

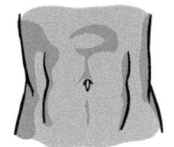

barriga

стомак

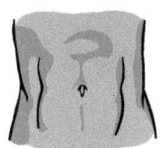

umbigo

пупак

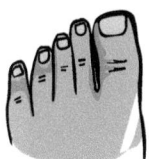

dedo do pé

ножни прст

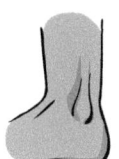

calcanhar

пета

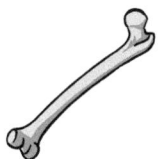

osso

кост

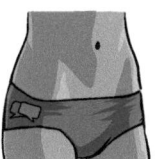

anca

кукови

joelho

колено

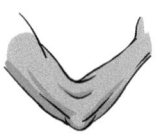

cotovelo

лакат

nariz

нос

nádegas

задњица

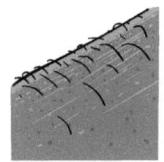

pele

кожа

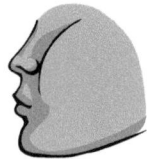

bochecha

образ

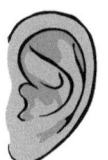

orelha

уво

lábio

усна

boca
....
уста

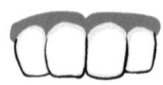

dente
....
зуб

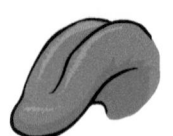

língua
....
језик

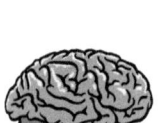

cérebro
....
мозак

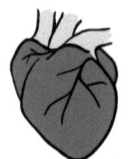

coração
....
срце

músculo
....
мишић

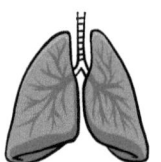

pulmão
....
плућа

fígado
....
јетра

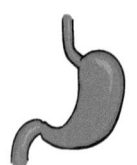

estômago
....
желудац

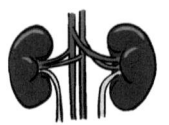

rins
....
бубрези

relações sexuais
....
полни однос

preservativo
....
кондом

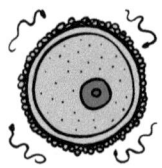

óvulo
....
јајна ћелија

esperma
....
сперма

gravidez
....
трудноћа

corpo - тело

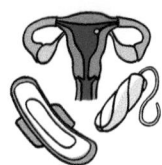

menstruação

менструација

vagina

вагина

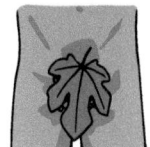

pénis

пенис

sobrancelha

обрва

cabelo

коса

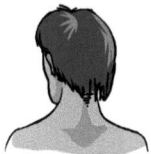

pescoço

врат

hospital
болница

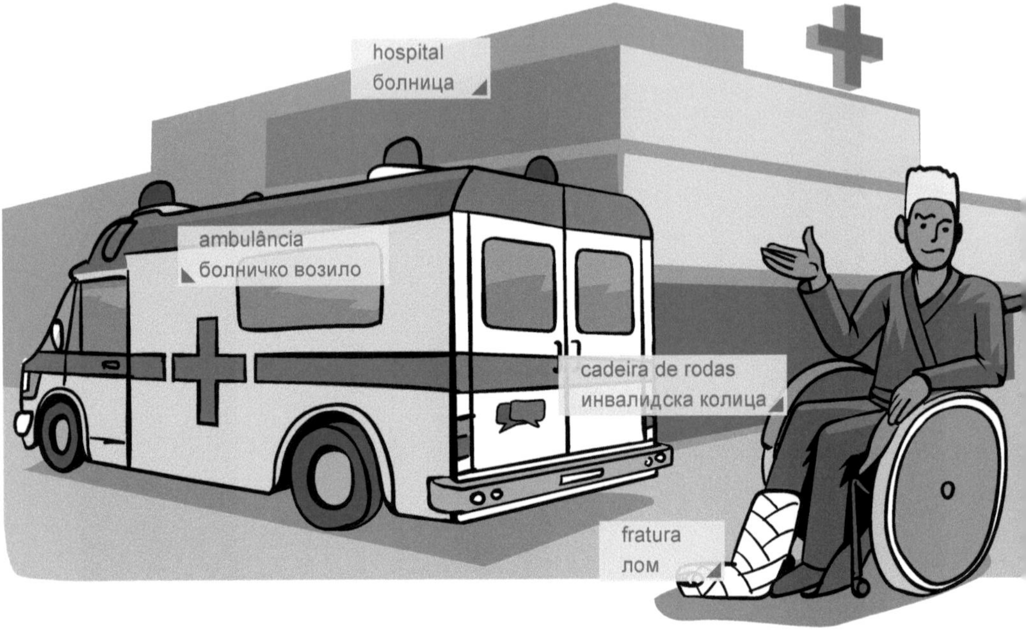

hospital
болница
ambulância
болничко возило
cadeira de rodas
инвалидска колица
fratura
лом

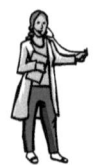

médico

лекар

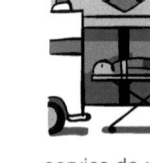

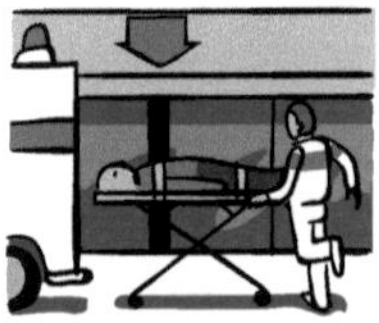

serviço de urgências

хитна медицинска служба

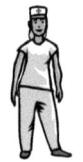

enfermeira

медицинска сестра

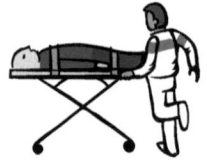

emergência

хитни случај

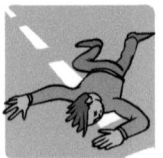

inconsciente

несвест

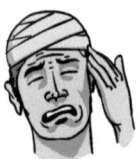

dor

бол

ferimento

повреда

hemorragia

крварење

ataque cardíaco

срчани удар

acidente vascular cerebral

удар

alergia

алергија

tosse

кашаљ

febre

грозница

gripe

грипа

diarreia

пролив

dor de cabeça

главобоља

cancro

рак

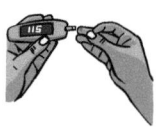

diabetes

дијабетес

cirurgião

хирург

bisturi

скалпел

operação

операција

CT
ЦТ

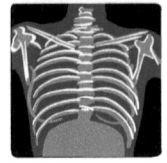

raio x
рентген

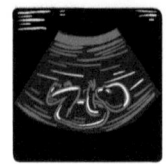

ultrassom
ултразвук

máscara
маска

doença
болест

sala de espera
чекаона

muleta
штака

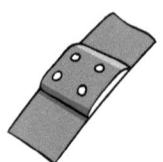

penso rápido
фластер

ligadura
завој

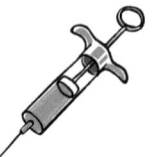

injeção
ињекција

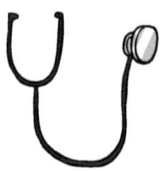

estetoscópio
стетоскоп

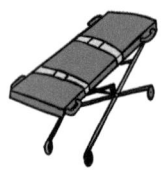

maca
носила

termómetro
термометар

nascimento
рођење

excesso de peso
прекомерна тежина

aparelho auditivo

слушни апарат

desinfetante

средство за дезинфекцију

infeção

инфекција

vírus

вирус

HIV / SIDA

хив / аидс

medicamento

медицина

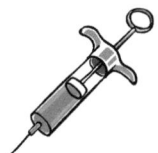

vacinação

вакцинација

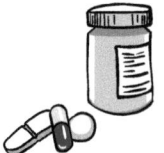

comprimidos

таблете

pílula

пилула

chamada de emergência

хитни позив

dispositivo de medição de
pressão arterial

уређај за мерење
притиска

doente / saudável

болесно / здраво

Socorro!

помоћ!

alarme

аларм

assalto

насртај

ataque

напад

perigo

опасност

saída de emergência

излаз у случају нужде

Fogo!

пожар!

extintor de incêndios

противпожарни апарат

acidente

незгода

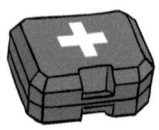

estojo de primeiros socorros

кутија прве помоћи

SOS

сос

polícia

полиција

Europa

Европа

América do Norte

Северна Америка

América do Sul

Јужна Америка

África

Африка

Ásia

Азија

Austrália

Аустралија

Atlântico

Атлантик

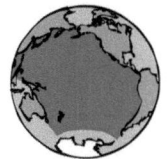

Pacífico

Пацифик

Oceano Índico

Индијски океан

Oceano Antártico

Антарктички океан

Oceano Ártico

Арктички океан

Polo Norte

Северни рол

Polo Sul

Јужни рол

Antártica

Антарктик

terra

земља

país

земља

mar

море

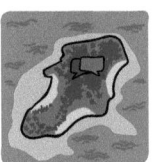

ilha

оток

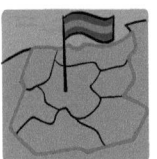

nação

нација

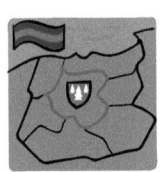

estado

држава

mostrador do relógio

бројчаник сата

ponteiro das horas

сатна казаљка

ponteiro dos minutos

минутна казаљка

ponteiro dos segundos

секундна казаљка

Que horas são?

Колико је сати?

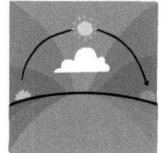

dia

дан

tempo

време

agora

сада

relógio digital

дигитални сат

minuto

минута

hora

час

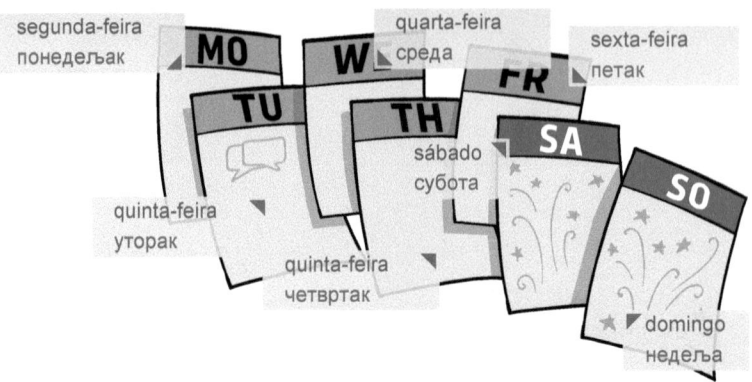

segunda-feira
понедељак

quarta-feira
среда

sexta-feira
петак

quinta-feira
уторак

sábado
субота

quinta-feira
четвртак

domingo
недеља

ontem
....
јуче

hoje
....
данас

amanhã
....
сутра

manhã
....
јутро

meio-dia
....
подне

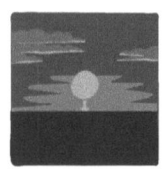

entardecer
....
вече

MO	TU	WE	TH	FR	SA	SU
1	2	3	4	5	6	7
8	9	10	11	12	13	14
15	16	17	18	19	20	21
22	23	24	25	26	27	28
29	30	31	1	2	3	4

dias úteis
....
радни дани

MO	TU	WE	TH	FR	SA	SU
1	2	3	4	5	6	7
8	9	10	11	12	13	14
15	16	17	18	19	20	21
22	23	24	25	26	27	28
29	30	31	1	2	3	4

fim de semana
....
викенд

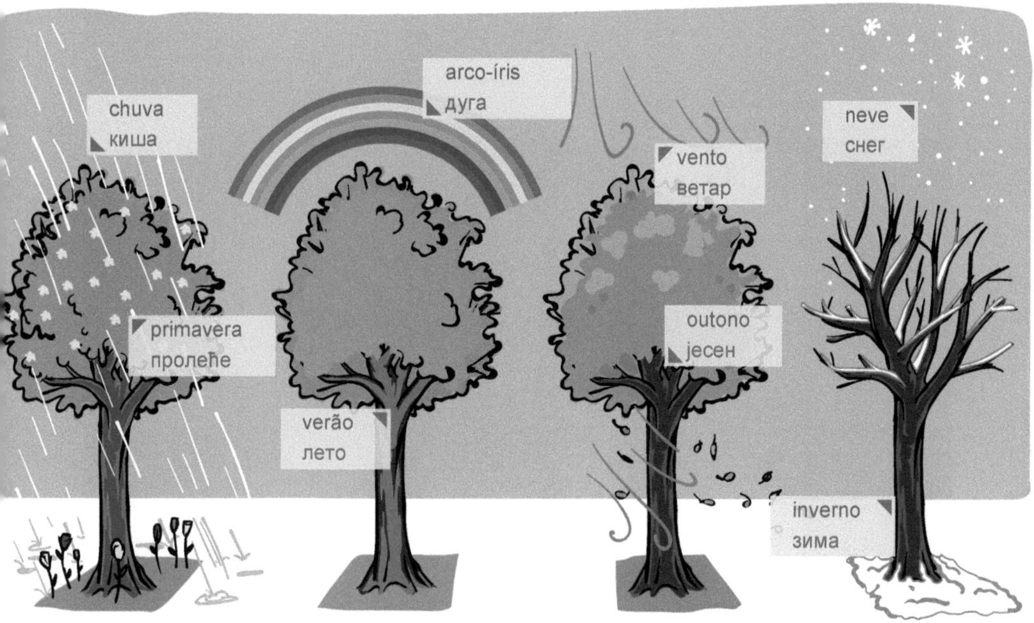

chuva
киша
arco-íris
дуга
neve
снег
vento
ветар
primavera
пролеће
outono
јесен
verão
лето
inverno
зима

4.APRIL 11°
5.APRIL 4°
6.APRIL 13°
7.APRIL 8°
8.APRIL 10°

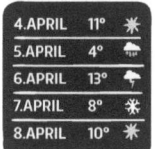

previsão do tempo

метеоролошка прогноза

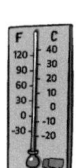

termómetro

термометар

raios de sol

сунчана светлост

nuvem

облак

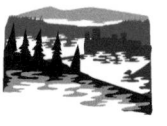

neblina / nevoeiro

магла

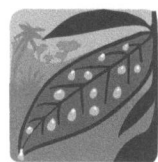

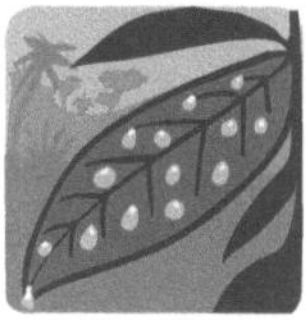

humidade do ar

влажност ваздуха

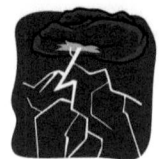

relâmpago

муња

trovão

грмљавина

tempestade

олуја

granizo

туча

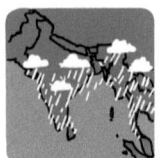

monção

монсун

inundação

поплава

gelo

лед

janeiro

јануар

fevereiro

фебруар

março

март

abril

април

maio

мај

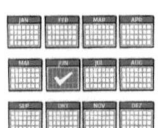

junho

јуни

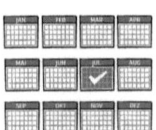

julho

јули

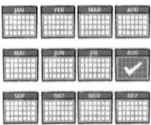

agosto

август

setembro

септембар

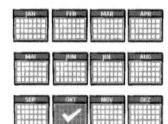

outubro

октобар

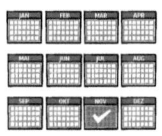

novembro

новембар

dezembro

децембар

formas
облици

círculo

круг

quadrado

квадрат

retângulo

правоугао

triângulo

троугао

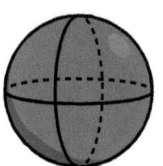

esfera

кугла

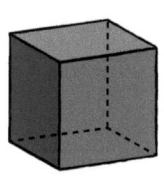

cubo

коцка

branco

бела

amarelo

жута

laranja

наранџаста

rosa

ружичаста

vermelho

црвена

lilás

љубичаста

azul

плава

verde

зелена

castanho

смеђа

cinzento

сива

preto

црна

muito / pouco

много / мало

furioso / calmo

љутито / мирно

lindo / feio

лепо / ружно

princípio / fim

почетак / крај

grande / pequeno

велико / малено

claro / escuro

светло / тамно

irmão / irmã

брат / сестра

limpo / sujo

чисто / прљаво

completo / incompleto

потпуно / непотпуно

dia / noite

дан / ноћ

morto / vivo

мртво / живо

largo / estreito

широко / уско

comestível / não comestível

jestivo / nejestivo

mau / gentil

зло / добро

entusiasmado / entediado

узбуђено / досадно

gordo / magro

дебело / мршаво

primeiro / último

на почетку / на крају

amigo / inimigo

пријатељ / непријатељ

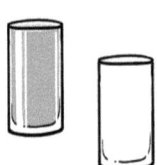

cheio / vazio

пуно / празно

duro / macio

тврдо / мекано

pesado / leve

тешко / лагано

fome / sede

глад / жеђ

doente / saudável

болесно / здраво

ilegal / legal

илегално / легално

inteligente / burro

паметно / глупо

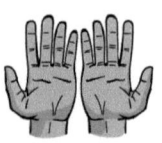

esquerda / direita

лево / десно

perto / longe

близу / далеко

novo / usado

ново / половно

nada / algo

ништа / нешто

velho / jovem

старо / младо

ligado / desligado

укључено / искључено

aberto / fechado

отворено / затворено

baixo / alto

тихо / гласно

rico / pobre

богато / сиромашно

certo / errado

тачно / погрешно

áspero / liso

храпаво / глатко

triste / feliz

тужно / сретно

curto / longo

кратко / дуго

lento / rápido

полако / брзо

molhado / seco

мокро / сухо

ameno / fresco

топло / хладно

guerra / paz

рат / мир

opostos - супротности

0

zero

нула

1

um

један

2

dois

два

3

três

три

4

quatro

четири

5

cinco

пет

6

seis

шест

7

sete

седам

8

oito

осам

9

nove

девет

10

dez

десет

11

onze

једанаест

12

doze

дванаест

13

treze

тринаест

14

catorze

четрнаест

15

quinze

петнаест

16

dezasseis

шестнаест

17

dezassete

седамнаест

18

dezoito

осамнаест

19

dezanove

деветнаест

20

vinte

двадесет

100

cem

стотину

1.000

mil

хиљаду

1.000.000

milhão

милион

inglês

енглески

inglês americano

амерички енглески

chinês mandarim

мандарински кинески

hindi

хиндски

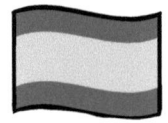

espanhol

шпански

francês

француски

árabe

арапски

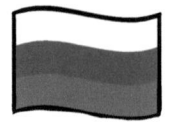

russo

руски

português

португалски

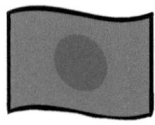

bengalês

бенгалски

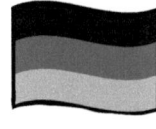

alemão

немачки

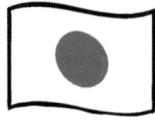

japonês

јапански

eu

ja

tu

ти

ele / ela

он / она / оно

nós

ми

vós

ви

eles / elas

они

quem?

Ко?

o quê?

Шта?

como?

Како?

onde?

Где?

quando?

Када?

nome

име

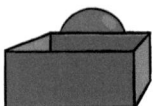

atrás

иза

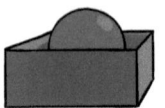

em

у

à frente de

испред

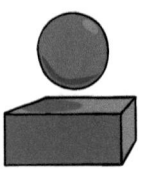

sobre

преко

em cima

на

debaixo

испод

ao lado

поред

entre

између

lugar

место